BEI GRIN MACHT SICH IHR WISSEN BEZAHLT

- Wir veröffentlichen Ihre Hausarbeit,
  Bachelor- und Masterarbeit

- Ihr eigenes eBook und Buch -
  weltweit in allen wichtigen Shops

- Verdienen Sie an jedem Verkauf

**Jetzt bei www.GRIN.com hochladen
und kostenlos publizieren**

Bibliografische Information der Deutschen Nationalbibliothek:

Die Deutsche Bibliothek verzeichnet diese Publikation in der Deutschen National-
bibliografie; detaillierte bibliografische Daten sind im Internet über http://dnb.d-
nb.de/ abrufbar.

Impressum:

Copyright © 2016 GRIN Verlag, Open Publishing GmbH
Druck und Bindung: Books on Demand GmbH, Norderstedt Germany
ISBN: 9783668226425

Dieses Buch bei GRIN:

http://www.grin.com/de/e-book/323218/das-ahlaq-verstaendnis-im-kalam

Süveybe Dilekoglu

Das Ahlaq-Verständnis im Kalam

GRIN Verlag

GRIN - Your knowledge has value

Der GRIN Verlag publiziert seit 1998 wissenschaftliche Arbeiten von Studenten, Hochschullehrern und anderen Akademikern als eBook und gedrucktes Buch. Die Verlagswebsite www.grin.com ist die ideale Plattform zur Veröffentlichung von Hausarbeiten, Abschlussarbeiten, wissenschaftlichen Aufsätzen, Dissertationen und Fachbüchern.

Besuchen Sie uns im Internet:

http://www.grin.com/

http://www.facebook.com/grincom

http://www.twitter.com/grin_com

Universität Osnabrück
Fachbereich 3: Erziehungs,- und Kulturwissenschaften
Seminar: Vertiefungsmodul: Islamische Ideengeschichte – falsafa, ahlāq und tasawwuf
Wintersemester 2015/ 2016

Das Ahlāq Verständnis im Kalām

31-03-2016

Vorgelegt von Süveybe Dilekoglu

Islamische Theologie Bachelor of Arts (B.A)

5. Semester

Inhaltsverzeichnis

1. Einleitung

Die Vorliegende Arbeit beschäftigt sich mit dem Ahlāq Verständnis im Kalām. Der Begriff Ahlāq; *Moral* steht im Allgemeinen mit dem Verhalten der Menschen, mit dem Schicksaal, Gerechtigkeit, dem gutem und schlechten; *al-ḥusn wa l-qubḥ* in Verbindung. Der Begriff Ahlāq wird mit „Charakter und mit dem „Verhalten" eines Menschen übersetzt. Wenn es zu einem schlechten Verhalten kommt, wird die Handlung als ein schlechter Ahlāq eingestuft. Wenn es zu einem guten Verhalten kommt, wird die Handlung zu einem guten Ahlāq eingestuft. Der Qurʾān und die Sunnāh bilden die Quelle des Ahlāq Verständnis im Islam. Āʾiša wurde nach dem Ahlāq Verständnis des Propheten gefragt und Āʾiša antwortete: „ Sein Ahlāq Verständnis ist der Qurʾān." Der Qurʾān verwendet für den Begriff Ahlāq, den Begriff „خلق" Dieser Begriff wird übersetzt mit Charakter, Moral und Ahlāq.

Der Mensch ist zwischen den erschaffenen Wesen der schönste Erschaffene. Im Unterschied zu den anderen Erschaffenen, hat der Mensch Wissen; عقل, Wille; إرادة und Kraft/ Macht; قدرة. Der Menschist für alle seine Handlungen verantwortlich. Allah hat den Menschen in schönster Form erschaffen und ihm gute und böse Fähigkeiten eingegeben. Wer sich dem glauben widmet, erhält die Erlösung. Wer sich dem bösen widmet, erleidet dafür Schaden. Der Qurʾān beinhaltet das menschliche Ahlāq Verständnis, sie hat ihre Beurteilungen so wie ihre Bevorzugungen im Inhalt. Aufgrund dessen sind die gläubigen verantwortlich, denn wenn Allāh und der Prophet etwas befohlen haben, müssen die gläubigen diese befolgen. Nach der Gehorsamkeit gegenüber Allāh, fällt die nächste Gehorsamkeit gegenüber den Eltern und dem Staat zu.

Der Qurʾān und die Sunnāh haben die Regeln und die Grenzen des Ahlāq Verständnisses für das jenseitige und diesseitige Leben geformt. Später wurde das Ahlāq Verständnis von Fiqh,- Hadīth,- Kalām,- Tasawwuf- Gelehrten und den Philosophen weiter ausgebaut. Die Kalām- Wissenschaft hat sich in der Geschichte mit sehr vielen Themen und Diskussionen beschäftigt. Jede Kalām- Schule hat in ihrer eigenen Zeit, für jede ihrer Probleme antworten gesucht. In jeder darauffolgenden Zeit, wurden sie mit neuen Problemen konfrontiert. Diese Probleme führten zu Veränderungen. Die Kalām Schule hat das theoretische und praktische zusammengeführt. Während sie dies taten, haben sie den Qurʾān immer vor dem Auge beibehalten. Wichtig zu erwähnen ist das der Kalām sich in theologische Disziplinen unterteilt. Unter diese Disziplin fällt die qurʾānische Theologie, die soziologische Theologie, die politische Theologie, die Geschichtstheologie, die Wirtschaftstheologie, die Rechtstheologie und die Ahlāq Theologie. Alle die unter dieser theologischen Disziplin fallen, versuchen den Zusammenhang zwischen dem einzelnen und sozialem religiösem verhalten zu bilden. Die Ahlāq Theologie ist die wichtigste unter der Disziplin.[1] Deswegen ist es notwendig, dass die Kalām- Wissenschaft sich mit dem menschlichen Verhalten auseinandersetzt. In der heutigen Zeit gibt es genug schlechte Sachen wie Diebstähle, Mord und Ehebruch. Diese Sachen, gehören zu den Verboten Allāhs. Zum Gegenteil wurde den gläubigen Muslimen die Wohltätigkeit; إحسان die Gottesfurcht; تقوى, die Geduld; صبر, die Freundschaftlichkeit, das vertrauensvolle, die Ehre und die Art des tugendlichem Verhalten befohlen. Im Großen und Ganzen ist dieses Ahlāq Verständnis, zwischen Allāh und Mensch und zwischen den Menschen eine einzuhaltende Regel. Alle Kalām Schulen sind der Meinung, dass der Mensch gegenüberüber Allāh eine Verantwortung und Verpflichtung hat. Dem Menschen eine bestimmte Kraft; قدرة gegeben um bestimmte Entscheidungen treffen zu können.

Das Ziel des der islamischen Religion ist, dass die Menschen sich den schönen Ahlāq aneignen sollen. Die Problemquelle des Ahlāqs ist unter den Kalām- Schulen umstritten. Jede einzelne Kalām-Schule hat seine individuelle Herangehensweise.

Als erstes wird der Begriff Ahlāq mit ihrer Notwendigkeit, ihrem Nutzen und ihrer Bedeutsamkeit erklärt. Als nächstes werden die Ansichten der Kalām Schulen; Mu'tazilah, Ash'arī und Maturidi dargestellt. Zum Schluss werden die Ergebnisse Stellungnahmen zu diesem Thema festgehalten. Anschließend wird aus den Ergebnissen eine Stellungnahme festgehalten.

2. Ahlāq

2.1 Notwendigkeit, Nutzen und Bedeutsamkeit von Ahlāq

Allāh hat neben dem Universum die Tiere, die Pflanzen und den Menschen erschaffen. Sie alle haben eine Gemeinsamkeit. Sie haben alle dieselben Bedürfnisse wie trinken, essen und schlafen. Das heißt der Mensch besitzt das gleiche biologische Gefüge, wie die anderen Lebewesen. Pflanzen und Tieren verfügen über besondere Fähigkeiten um auf der Welt überleben zu können. Spinnen bauen Spinnennetze um für ihre Beute zu sorgen. Vögel bauen Neste um ihr Heim zu gestalten. Jedes Tier schafft sich individuell ihr eigenes Heim. Allāh

---

[1] Vgl. Aydın, Ömer, *Kurânı Kerîm'd İman-Ahlak İlişkisi*, Istanbul 2007, S.13.

4

hat die Tiere so erschaffen, dass die Tiere in ihrer Natur wissen was gut und schlecht für sie ist. Die Tiere haben nicht die Möglichkeit frei zu handeln. Was den Menschen von dem Tier unterscheidet ist die Fähigkeit, frei zu handeln. Der Mensch ist den anderen Lebewesen überlegen. Ein gesunder Mensch trifft seine Entscheidungen plausibel und der Moral entsprechend.[2]

Ohne ein moralisches Verhalten, ist es nicht möglich ein friedliches Leben zu führen. Um ein friedliches und harmonisches Leben führen zu können, ist es wichtig ein bewusstes Ahlāq Verständnis zu haben. Der Mensch ist verpflichtet, sein Leben anhand eines guten Ahlāq Verständnis zu gestalten.[3]

Eine gute Handlung bringt dem gläubigen Muslim eine gute Tat mit, ebenso bringt eine schlechte Handlung dem gläubigen Muslim eine Sünde mit. Wenn ein gläubiger Muslim lügt, ist das Lügen nicht nur eine unmoralisch schlechte Handlung, sondern ebenso eine Sünde. Indem der gläubige Muslim lügt, bricht er die Verantwortung und Verpflichtung gegenüber Allah und seinem Glauben.[4]

Der Mensch ist verpflichtet zu verstehen was gut und schlecht für ihn ist, ebenso ist er verpflichtet zu verstehen was richtig und falsch ist.[5] Hier muss erwähnt werden, dass der Begriff Ahlāq und Verpflichtung sich ergänzen, der eine ist dem anderen Notwendig.[6]

Zudem ist der Mensch verpflichtet herauszufinden was der Sinn des Lebens ist und wie man dieses Leben tugendhaft führen kann.[7]

Da das diesseitige Leben und das Jenseits ohne die Moral keine Ordnung hätte, schickte Allāh den Propheten auf die Welt. Der Prophet sagte: *„Ich wurde auf die Welt gebracht um den Ahlāq zu vervollständigen.“* Aus diesem Satz kann man entschließen, dass das Ziel des Propheten darin bestand, das Ahlāq Verständnis zu vervollständigen. Der Mensch wurde erschaffen um das ewige und endlose Jenseits zu erlangen. Der Mensch hat die Aufgabe das Recht und die Gerechtigkeit auf der Welt zu schaffen. Es soll zwischen den Menschen Friede, Recht und Gerechtigkeit, Freundschaft und Geschwisterlichkeit herrschen. Um so eine Ordnung zu schaffen, muss man einen schönen Charakter besitzen. Den Menschen wird daher befohlen sich den schönsten Ahlāq anzueignen. Allāh sagt in einem Hadīth Qutsi: *„ Wer mir*

---

[2] Vgl. Özafşar,Mehmet Emin/ Doğan, Recai,*Temel İslâm Bilgileri- Ahlâkım*, Ankara 2007, S. 11-12.
[3] Vgl. Sinanoğlu, Abdulhaamit, *„Mutezile Felsefesinde İnsan Ahlâkı ve Sorumluluğu"* in: KSÜ İlahiyat Fakültesi Dergisi, 2003, S.66.
[4] Vgl. İbiş, Fatih, *„Mâtürîdî İman- Ahlak İlişkisi"* in: Kelâm Araştırmaları Dergisi, Band 13, 2015, S. 723
[5] Vgl. Şekeroğlu, Sami, *„Mâturîdî Ahlak'ında Erdem' Fikri" in: Milel ve Nihal- inanç kültür ve mitoloji araştırmaları dergisi"*, Band 2, 2010, S.175.
[6] Vgl. Sinanoğlu, Abdulhaamit, *„Mutezile Felsefesinde insan Ahlâk ve Sorumluluğu"* in: KSÜ İlahiyat Fakültesi Dergisi, 2003, S.66.
[7] Vgl. Şekeroğlu, Sami, *„Mâturîdî Ahlak'ında Erdem' Fikri" in: Milel ve Nihal- İnanç kültür ve mitoloji araştırmaları dergisi"*, Band 2, 2010, S. 175.

eine Spannweite näher kommt, den komme ich einen Schritt näher. " Das Ziel des islamischen Glaubens ist es die Menschen von Zügellosigkeit und vom falschen Verhalten fernzuhalten. Im Gegenteil der Islam will die Menschen das nützliche und das schönen Verhalten nahe bringen.[8]

Wenn man den Qur'ān analysiert, weisen die vielen Verse, auf die zwischen menschlichen Beziehungen der Menschen auf der Welt auf. Das schlechte und böse ist in den Menschen nicht veranlagt. Denn in seiner Veranlagerung besitzt der Mensch ein tugendhaftes Verhalten. Beim handeln sollte der Mensch das richtige wählen und sich vom falschen fern halten. Der Islam hat den Menschen die richtigen Verhaltensregeln mitgeteilt. Die Umsetzung ist dem Menschen überlassen. Die Gebote und die Verbote sind nur zum Gunsten der Menschen.[9]

Also ist der Mensch in der Lage mit eigenem Willen sein Leben selbst zu gestalten. Der Mensch kann Gute sowie schlechte Taten ausführen, er kann für seine Gesellschaft nützlich oder schädlich sein. Allāh verlangt das gute der Menschen und zeigt ihnen daher den richtigen Weg. Hierbei verspricht Allāh den Menschen, dass ein gutes Verhalten, der Gesellschaft und der ganzen Menschheit Nutzen bringt. Denn wer glaubt und sein Leben um Allāhs Willen führt, dieser wird seine Gegenleistung von Allāh erhalten. Wer mit dem glauben lebt, dem wird sein glaube zum richtigen Verhalten leiten. Im Qur'ān wird erwähnt: *,, Wir haben ihm den rechten Weg gezeigt, mochte er nun dankbar oder undankbar sein. "[10]* Wie man den Versen in Qur'ān entnehmen kann, ist der Mensch in der Lage gutes und schlechtes umzusetzen. Allāh zeigt den Menschen den richtigen Weg. Der Wille Allāhs ist, dass die Menschen sich von gutem leiten lassen. Denn Allāh ist schön und liebt das schöne.[11] In der Surā Al- Baqarah im Vers 138. wird den Menschen der Weg zum schönen Charakter, also zum Ahlāq vermittelt. In diesem Zusammenhang kann man sagen, dass im sozialen leben, bzw. in der Gesellschaft ein tugendhaftes schönes verhalten vorausgesetzt wird. Denn jeder Mensch will, dass in der Gesellschaft Frieden, Vertrauen und Freundschaftlichkeit herrscht.

---

[8] Vgl. Qur'ān Al-Mumin Vers 40: *„Wer Böses tut, dem soll nur mit Gleichem vergolten werden; wer aber Gutes tut – sei es Mann oder Weib – und gläubig ist, diese werden in den Garten eintreten; darin werden sie versorgt werden mit Unterhalt ohne zu rechnen."* Fussilat Vers 34: *„Gut und Böse sind nicht gleich. Wehre (das Böse) mit dem ab, was das Beste ist. Und siehe, der, zwischen dem und dir Feindschaft war, wird wie ein warmer Freund werden."*

[9] Vgl. Qur'ān Ar-Rum Vers 44: *„Wer ungläubig ist: auf ihn sein Unglaube! Und wer Rechtes tut, der bereitet es sich selbst."* Ar-Rum Vers 41: *„Verderbnis ist gekommen über Land und Meer um dessentwillen, was die Hände der Menschen gewirkt, auf daß Er sie kosten lasse die (Früchte) so mancher ihrer Handlungen, damit sie umkehren."* An-Nisā Vers 79: *„Was dich Gutes trifft, kommt von Allah, und was dich Schlimmes trifft, kommt von dir selbst. Und Wir haben dich als einen Gesandten zu den Menschen entsandt. Und Allah genügt als Zeuge."*

[10] Vgl. Abū-r-Riḍā' Muḥammad ibn Ahmad ibn Rassoul, [30]2008, S. 1456.

[11] Vgl. Qur'ān Al-Baqarah Vers 138: *„(Sprich:) „ Allahs Religion (wollen wir annehmen); und wer ist ein besserer (Lehrer) im Glauben als Allah? Ihn allein verehren wir. "*

Im Islam Verständnis hat der schöne Charakter; *Ahlāq*, einen sehr hohen Grad und ist sehr wichtig.[12]

Im folgendem werden einige Beispiele hinsichtlich dem Ahlāq des Propheten Angeführt.

Ā'iša, Allāhs Wohlgefallen auf ihr, berichtete dass der Prophet, Allāhs Segen und Frieden auf ihm, sagte: „ Gabriel hörte nicht auf, mich zu ermahnen, dem Nachbarn Güte zu erwiesen, bis ich dachte, er würde ihn für erbberechtigt erklären!"[13]

Abū Huraira, Allāhs Wohlgefallen auf ihm, berichtete, dass der Gesandte Allāhs, Allāhs Segen und Friede auf ihm, sagte: „ Der wahre Starke ist nicht derjenige, der in einem Ringkampf siegt, sondern der wahre Starke ist derjenige, der sich in seinem Zorn beherrscht."[14]

Hasan ibn Alī berichtet: „Ich habe meinen Onkel Hind bin Ebī Hāle, +ber die Art und den Ahlāq des Propheten gefragt. Er, kannte die Eigenschaften des Propheten sehr gut. Ich habe mir sehr gewünscht Ihn zu erträumen und mir seinen Ahlāq Verständnis anzueignen. Deswegen wollte ich sehr, dass mir mein Onkel von ihm erzählt [..][15]

3. Das Ahlāq Verständnis der Kalām Schulen

3.1 Die Mu'tazilah

Die Mu'tazilah Gelehrten stellen aus ihren fünf Grundlegenden Prinzipien[16] den *at-tauḥīd* und *al-'adl* in den Vordergrund. Die anderen drei Prinzipien können dem Prinzip der Gerechtigkeit hinzugefügt werden. Die fünf Prinzipien fassen das gesamte Denksystem der Mu'tazilah zusammen.[17] Die Mu'tazilah sind die ersten Moralisten, der gesamten Kalām Schulen. Laut Imam Sehristani ist die Grund Auffassung der Mu'tazilah, dass das nützliche und nicht nützliche mit dem Verstand; عقل aufgefasst werden kann.

Die Wertschätzung der Mu'tazilah hinsichtlich den Begriff Gerechtigkeit; عداله beruht auf diese zwei Vorsätze:

---

[12] Vgl. Akdoğan, Ali, „*Bireysel ve Toplumsal Hayatta Ahlaka olan İhtiyaç ve İslam*" in: EKEV Akademi Dergisi, 2004, S. 190.

[13] Vgl. Abū-r-RiḍÄ' Muḥammad ibn Ahmad ibn Rassoul, *Auszüge aus dem Sahīh Al-Buḫāryy*, S.587.

[14] Vgl. ebd, S.601.

[15] Vgl. İman-ı Tirmizi, *Hadislerle Peygamberimizin Güzel Ahlakı- Şemâil-i Şerif*, İstanbul 1984, S. 31.

[16] Fünf Prinzipien; al-Uṣûl al- ḥamsah; 1. *at-tauḥīd* (Einheit), 2. *al-'adl* (Gerechtigkeit), 3. *al-wa'd wa l-wa'īd* (Verheißung und Drohung), 4. *al-manzilah baina al-manzilatain* (die Stufe zwischen den beiden Stufen), 5. *al-amr bi-'l-ma'rûf wa-'n-nahī 'an al-munkar* (das Gebieten des Guten und das Verbieten des Tadelnswerten).

[17] Vgl. Topaloğlu, Bekir, *Kelâm İlmine Giriş*, Ankara 2014, S.174-175.

1. Das Fernhalten von der Absolutheit, die moralische Vollkommenheit und der Mangelhaftigkeit von Allāh.

2. Die Religion, Moral; *Ahlāq* und Verantwortung des Menschen anhand der Vernunft in eine konsequente Moral Ebene zu setzen.

Die Mu'tazilah Gelehrten sind der Meinung, dass Allāh keinerlei grundlos handelt. Die Handlungen Allāhs haben immer einen Grund und eine Weisheit. Allāh erschafft nur nützliche Sachen für die Menschen. Allāh tut nur Gutes. Gute Taten sind solche die Nutzen bringen und weil Allāh unabhängig von jedem Nutzen ist, müssen die Menschen die Nutznießer sein. Da die Handlungen Allāhs sonst sinnlos wären. Allāh ist daher verpflichtet, im Sinne des Menschen zu handeln. Ob eine Sache oder Handlung gut oder böse ist, kann nach der Mu'tazilah rational beurteilt werden. Das Böse und Schlechte erschaffen die Menschen, somit erkennt die Mu'tazilah den freien Willen der Menschen an. Damit der Mensch seinen freien Willen für das Gute einsetzen kann, muss der Mensch einen Verstand besitzen. Die Mu'tazilah ist der Meinung, dass das Gute und Schlechte in der Natur einer Sache beinhaltet ist. Diese können durch die Vernunft erkannt werden (*al-ḥusn wa l-qubḥ al-'aqliyān*).[18] Zudem kann der Verstand eines Menschen, außerhalb einer göttlichen Offenbarung, die Prinzipien der Moral aneignen. Die Mu'tazilah Gelehrten sagen: *„Das Gute und Schlechte ist in der Natur einer Sache vorhanden. Der Verstand kann dies auffassen und die Offenbarung hingegen teilt dies mit."* Die Mu'tazilah unterscheidet zwei Funktionen der Offenbarung:

1. Die Offenbarung ist eine Bestätigung für den Verstand. Es gibt, aber auch moralische Urteile, die man nicht nur anhand des Verstands erlangen kann.

2. Die zweite Funktion der Offenbarung basiert auf die Umsetzung der Pflicht der Moral in der sozialen Welt. Zudem vermittelt diese Funktion Motive wie gute Taten und Strafen.

Wenn der Mensch keine freie Entscheidungs-, und Handlungsfähigkeit hätte, würde das Dasein eines Propheten keine Bedeutung haben. Ebenso würde das Erhalten einer Belohnung und Strafe(*al-wa'd wa l-wa'īd*)[19] keine Bedeutung haben. Ein Mensch der keine Kraft hat, kann keiner Verpflichtung unterworfen werden. Denn das wäre grausam und böse. Ein Beispiel hierzu: Ein Mensch der kein Geld hat um seine Almosensteuer zu zahlen, oder nicht

---

[18] Vgl. Saruhan, Müfit Selim, *„İslam Düşüncesinde Ahlâk İlmi"*, 2014, S.62.
[19] *„ Dem Gehorsamen wurde Belohnung versprochen und dem Ungehorsamen wurde Bestrafung angedroht. Da Allāh gerecht ist, vergibt ER dem Schwersündigen nur nach einer echten Taubah".* Vgl. Zaidan, Amir M.A, *Al-aqiidah- Einführung in die Iimaan-Inhalte*, Band 2, 2011, S. 98.

in der Lage ist im stehen das Gebet zu verrichten. Hierfür aber im sitzen betet.[20]Wenn der Mensch nicht die nötige Kraft besitzt, wird dem Menschen entweder andere Möglichkeiten geboten oder der Mensch wird ganz frei gestellt. Die Mu'tazilah Gelehrten unterscheiden zwei Arten von Böse; شر :

1. Die Hetzerei, فسق ; die schlechte Moral

2. Fälle wie Krankheit, Behinderung oder Bewusstlosigkeit, der angeborene; Metaphysische شر.

Den freien Willen kann der Mensch nur in der schlechten Moral einsetzen. Beim Metaphysischem شر hat der Mensch keinen Einfluss, sondern Allāh.[21]

Die Mu'tazilah ist der Meinung, dass der Mensch nach einer guten Tat belohnt wird und nach einer schlechten tat bestraft wird. Allāh ist gerecht. Es ist nicht möglich, dass Allāh den Menschen bei guten Taten bestraft und bei schlechten taten belohnt.

Da Allāh den Menschen hinsichtlich dem Glauben und den Handlungen verantwortlich erklärt hat, muss der Mensch um dies umsetzen zu können „frei" sein. Um die Handlungen der Menschen beurteilen zu können, müssen die Handlungen freiwillig und mit eigenem Willen umgesetzt worden sein. Laut dem Gerechtigkeit Prinzip der Mu'tazilah, ist Allāh gerecht und würde den Menschen nie unterdrücken. Er fügt hinzu, dass im Jenseits ein gerechter Urteil hinsichtlich der Handlungen der Menschen gefällt wird. Dafür muss der Mensch auf dieser Welt die Fähigkeit besitzen, zwischen gut und schlecht zu unterscheiden. Daher sagt die Mu'tazilah in ihrer Ahlāq Philosophie, dass in den Handlungen der Menschen kein göttlicher Eingriff stattfindet. Denn eine Handlung, die mit dem göttlichen Willen stattfindet, kann der Mensch nicht verantworten. Somit kann Allāh nicht mit der Gerechtigkeit harmonieren. Die Mu'tazilah sagt: „ *Die Handlungen der Menschen erschafft nicht Allāh, sondern der Mensch selber. Die Kraft für die Umsetzung einer Handlung, wird von Allāh eingegeben.*" Aus diesem Grund ist der Mensch vielmehr gegenüber Allāh verantwortlich. Die Ash'arī Gelehrten kritisieren die Mu'tazilah und sind der Ansicht, dass die Mu'tazilah den Menschen, als Schöpfer erklären und nicht Allāh. Somit beschuldigen die Ash'arī Gelehrten die Mu'tazilah, schirk; شرك zu begehen. In der Ahlāq Philosophie der Mu'tazilah ist es Pflicht, die menschliche Freiheit, als erstes Prinzip zu akzeptieren. Denn die menschliche Freiheit wird mit der Gerechtigkeit Allāhs garantiert. Die Mu'tazilah ist der Ansicht, dass der Verstand die Bestrafung der großen Sünden annimmt und der Mensch für jede seiner Handlungen verantwortlich ist. Der Qur'ān verehrlicht den menschlichen Verstand und

---

[20] Vgl. Ay, Mahmut, *„Eş'arî Kelamında İnsan Sorumluluğu"* in: İslâmî Araştırmalar Dergisi, Band 17, 2014, S.100.
[21] Vgl. Saruhan, Müfit Selim, *„İslam Düşüncesinde Ahlâk İlmi"*, 2014, S. 61-63.

erkennt ihn, als die Quelle der menschlichen Verantwortung an. Dadurch verehrt auch die Mu'tazilah den Verstand. Die Mu'tazilah verächtlich jeden, der seinen Verstand nicht einsetzt. Wenn der Mensch sich gegenüber der Gesellschaft verantwortlich fühlt, dann spielt die moralische Aufgabe eine Rolle. Doch wenn ein Mensch sich selbst gegenüber verantwortlich fühlt, steht an erster Stelle vom Ahlāqs die Freiheit. Die Mu'tazilah steht Objektiv zu der Umsetzung von guten und schlechten Handlungen der Menschen. Der Mensch ist ein Wesen der verpflichtet und verantwortlich gegenüber Allāh. Für die Mu'tazilah ist es die Aufgabe des Verstandes eine gute und schlechte Tat zu unterscheiden. Eine Handlung kann auch vor einer göttlichen Offenbarung, als gut oder schlecht eingestuft werden. Denn das Gute und das Schlechte ist in der Natur des Menschen veranlagt. Die Übertragung; *naql* wird von der Mu'tazilah in den folgenden Bereichen akzeptiert: Die Gebete und ihre Grenzen, das küssen von dem schwarzen Stein; al-ḥaǧar al-aswad, das Laufen zwischen aṣ-Ṣafā wa-l-Marwa und Themen wie die des verbieten von Alkohol. Die Mu'tazilah ist der Meinung das diese Themen nicht anhand des Verstandes erkannt werden können, sondern nur anhand des gehör. Die nicht moralischen Handlungen, kann der Mensch nur mit seiner Kraft; قدرة und seinem Willen; إرادة ausführen. Deswegen werden die Kinder und bewusstlose Menschen, bei schlechten taten nicht beurteilt. In der Philosophie der Mu'tazilah ist Allāh gerecht und würde keinen schwachen Menschen etwas auferlegen. Er würde einen unschuldigen Menschen niemals Leid zufügen. Laut der Mu'tazilah wurde den Menschen, die von Allāh vorher erschaffene Kraft gegeben. Um ihre Handlungen frei umsetzen zu können und damit sie ihrer Verpflichtungen und Verantwortungen gegenüber Allāh nachgehen. Denn, wenn Allāh den Menschen ohne ihnen vorher eine Kraft gegeben zu haben, ihn verpflichtet hätte, würde Allāh ein Ungerechter sein. In der Meinung, dass der Mensch der Schöpfer seiner Handlung ist, erklärt die Mu'tazilah, dass der Mensch, derjenige ist der die Handlung aussucht und umsetzt. Allāh erklärt den Menschen als Verantwortlicher und Verpflichteter. Die Mu'tazilah ist der Meinung, dass Allāh den Menschen nicht außerhalb seiner Kraft beauftragt. Wenn die Menschen nicht die Besitzer ihrer Handlungen wären, würde das Versprechen der Belohnung; *al-wa'd* und die Drohung der Strafe; *al-wa'īd* bedeutungslos sein. Es ist nicht auszuschließen, dass Allāh nicht der Schöpfer aller Handlungen seiner Schöpfungen ist. Doch der Unterschied zwischen dem Menschen und den anderen Lebewesen ist, die Verpflichtung gegenüber Gott. Zudem ist der Mensch das einzige Wesen, welches frei ist.[22]

---

[22] Vgl. Sinanoğlu, Abdulhaamit, *„Mutezile Felsefesinde insan Ahlâkı ve Sorumluluğu"* in: KSÜ İlahiyat Fakültesi Dergisi, 2003, S. 66-77.

Das Thema von der Bestrafung der Kinder, ist bei den Kalām Gelehrten sehr umstritten. Hierzu sagt die Mu'tazilah: *„Die Kinder eines nicht Gläubigen werden nicht aufgrund den Sünden ihrer Eltern bestraft".* Denn Allāh bestraft niemanden der nicht im Bewusstsein ist. Die Kraft Allāhs reicht für die Unterdrückten, doch aufgrund seinen Erbarmen und seiner Weisheit würde er die Menschen nie unterdrücken.[23] Da die Mu'tazilah einen großen Wert auf die Gerechtigkeit legen, nennen sie sich die Ahlu al-'adl. Bei dem Prinzip des al-manzilah baina al-manzilatain[24] geht es um die Stufe zwischen den beiden Stufen. Laut der Mu'tazilah ist ein Mensch der eine große Sünde begeht, weder ein Gläubiger noch ein Ungläubiger. Der Mensch befindet sich zischen dem Iman und dem Kufr.[25] Er ist ist ein Fāsiq. Im Grundlegenden wird der Mensch beim einhalten der göttlichen Vorschriften belohnt. Wenn der Mensch sich nicht an die Vorschriften hält, wird er bestraft. Allāh kann nicht vom al-wa'd wa l-wa'īd umkehren. Aus diesem Grund ist es nicht erlaubt, dass dem Fāsiq verziehen wird, sondern in der Hölle für immer bestraft wird. Hierzu führt die Mu'tazilah rationale Beweise auf. Die Mu'tazilah sagt, dass wenn Allāh einen Sündiger der keine Reue gezeigt hat verzeiht, dieses Verhalten von Allāh zu einer schlechten Handlungen des Menschen anregt". Denn indem der Verpflichteter; مكلف auf die Verzeihung Allāhs vertraut, kriegt der Mensch Mut für die Umsetzung einer schlechten Handlung. Die Mu'tazilah sagt: *„ Die Sündiger gehören ohne Zweifel in die Hölle. Wenn der Mensch ein Hauch gutes hat, bekommt der Mensch das Gute zurück. Wenn der Mensch ein Hauch schlechtes hat, bekommt der Mensch das Schlechte zurück".* Die Mu'tazilah ist der Meinung, dass ein Mensch der eine große Sünde begeht und keine Reue zeigt, keine Fürsprache vom Propheten erhält. Denn dies wäre gegen das Gerechtigkeits Verständnis. Einen Menschen rettet nur die aufrichtige Reue von einer großen Sünde.[26]

Die Mu'tazilah ist der Ansicht, dass Allāh keinerlei Einfluss auf die Handlungen der Menschen hat. Deshalb ist der Mensch frei und kann mit seinem eigenen Willen ausgesuchte Handlungen, mit dem von Allāh gegebene Kraft umsetzen. Der Mensch ist, somit von seinen eigenen Handlungen verantwortlich und bekommt hinsichtlich seiner Handlungen entweder

---

[23] Vgl. Sinanoğlu, Abdulhaamit, *„Mutezile Felsefesinde insan Ahlâk ve Sorumluluğu"* in: KSÜ İlahiyat Fakültesi Dergisi, 2003, S. 77.
[24] *„Der muslimische Schersündige ist weder mu'min noch kaafir; sondern hat eine Position zwischen beiden Positionen."* Vgl. Zaidan, Amir M.A, *Al-aqiidah- Einführung in die limaan-Inhalte,* Band 2, 2011, S. 98.
[25] Vgl. Topaloğlu, Bekir, *Kelâm İlmine Giriş,* Ankara 2014, S.175.
[26] Vgl. Aktepe, Orhan, *„Mutezile Ve Ehl-i Sünnet'e Göre Va'd ve Va'îdilkesi"* in: Kelam Araştırmalar, 2011, S. 159-164.

eine Belohnung oder eine Strafe. Kasb[27], kommt entweder mit einer Kraft die vorher nicht vorhanden war zustande, oder mit der freien Entscheidung des handelnden. Kasb ist eine Handlung des Menschen und entsteht mit der eigenen Kraft des Menschen.[28] Eine andere Quelle des Gerechtigkeitsprinzips der Mu'tazilah ist; fern von Ungerechtigkeit sein, die Kinder der nicht Gläubigen nicht unterdrücken, keine ausgedachten Propheten erschaffen, die nachgegangenen Verpflichtungen belohnen, für die gegebene Gabe von Allāh den Dank aussprechen etc.

Das grundlegende Interesse der Mu'tazilah Gelehrten ist die Moral; *Ahlāq*. Der Mensch wurde mit der Besonderheit erschaffen, dass er sich vom schlechten fern hält und sich dem guten nähert.[29]

3.2 Ash'arī

Abū l-Hasan al-Ash'arī trennte sich nach 40 Jahren von der Mu'tazilah Schule. Die Gründe für die Trennung waren die Meinungsunterschiede hinsichtlich der Schöpfung des Qur'ān, das mit dem Auge sehen Allāhs und die Handlungen der Menschen. Anhand diesen Meinungsunterschieden trennte sich Asch'arī von der Mu'tazilah. Ash'arī ist der Meinung, dass das gute; خير und das Böse; شر von Allāh erschaffen wird. Hierbei ist das Böse nicht für Allāh sondern für den Menschen. Die Urteile fällt der Mensch nicht mit dem Verstand, sondern leitet sie aus der Scharī'a her. Laut Ash'arī wir die Handlung eines Menschen durch Allāh und den Menschen umgesetzt. Allāh ist der Schöpfer und der Mensch ist der Erlangende; كسب.[30] Laut Ash'arī kann der Mensch nur mit seiner ausreichenden Kraft; قدرة die Handlung ausführen. Nach der Ansicht von Ash'arī hat der Mensch nicht eine andauernde Kraft etwas auszuführen. Ash'arī bringt viel mehr den absoluten Willen und die absolute Kraft Allāhs zum Vorschein. Ash'arī sagt: *„Die Handlungen der Menschen können nur anhand der Offenbarung erlangt werden."* Eine Sache die in der Offenbarung befohlen wird ist eine gute Sache, eine Sache die verboten wird ist eine schlechte Sache. Al-Ghazālī sagt: *„Ohne die Hilfe Allāhs, kann der Mensch die Tugend nicht erreichen."*

---

[27] كسب; Kasb: Erwerb; Verdienst; Gewinn; Erworbenes; Gewonnenes; erworbene Kenntnisse, Wissen. Vgl. Wehr, Hans, *Arabisches Wörterbuch für die Schriftsprache der Gegenwart*, 210-2011, S.1101.
[28] Vgl. Sönmez, Vecihi, *„Mu'tezile'nin Eş'arî'nin Kesb Nazariyesine Yönelttiği Eleştiriler"* in: Dicle İlahiyat Fakültesi Dergisi, Diyarbakır 2008, S. 132.
[29] Vgl. Demir, Osman, *„Kelâm Ahlâk Düşüncesi: Tartışma Alanları ve Kavramlar"*, S. 193.
[30] كسب; Kasb: Erwerb; Verdienst; Gewinn; Erworbenes; Gewonnenes; erworbene Kenntnisse, Wissen. Vgl. Wer, Hans, *Arabisches Wörterbuch für die Schriftsprache der Gegenwart*, 210-2011, S1101.

Auch unterscheidet sich Ash'arī im Thema, der Rolle vom Willen des Menschen und den Werten Allāhs. Ash'arī sagt: „ *Das Böse;* شر *ist von Allāh; aber Allāh schafft das Böse nicht für sich, sondern für andere"* Hierzu sagt Ash'arī: *„Gewiss ist das Böse von Allāh, aber dies weist kein Unrecht;* ظلم *auf"*. Ash'arīs Meinung hinsichtlich der Fähigkeit die Kraft umzusetzen zu können, unterscheidet sich ebenso von der Mu'tazilah. Ash'arī sagt nämlich das bei dem Menschen, die Fähigkeit Kraft auszuüben nicht immer vorhanden ist. Laut Ash'arī stellt man den Willen und die Kraft Allāhs in den Hintergrund, wenn man dem Menschen eine gewisse Freiheit, Willen und Kraft zuschreibt.[31]

Ash'arī sagt, dass die Offenbarung die Quelle für die schlechten und guten Urteile ist und der Verstand keinen Einfluss hat. Das heißt, dass die guten und schlechten Handlungen von der Scharī'a bestimmt werden. Natürlich kann der Verstand eine Sache hinsichtlich gut und schlecht beurteilen, der Verstand hat jedoch nicht das Recht eine Sache zu verbieten oder den Menschen von einer Sache zu befreien. Denn bei der Urteilsfällung kann der Verstand zu Uneinigkeit kommen. Jemand der eine Sache, als schlecht beurteilt, kann ein anderer die Sache als gut beurteilen. Laut Ash'arī bildet der Verstand eine Wissens Quelle, der Mensch kann jedoch nicht bei erforderter Verantwortung nicht ein Urteil fällen. Eine Sache kann nur durch die Gebote und Verbote Allāhs beurteilt werden.[32]

In der Ansicht von Ash'arī, hat der Mensch keine freie Entscheidung. Denn Allāh entscheidet mit seinem Willen die Handlung des Menschen. Das heißt der Mensch handelt mit dem Willen Allāhs.[33]

Ash'arī und seine Anhänger weisen ein freiheits Problem auf. Sie sehen die Freiheit des Menschen, als Gefahr gegenüber Allāh. Ash'arī sagt; *„Man darf die Macht Allāhs nicht beschränken"*. Doch Al-Ghazālī ist der Meinung, dass der Mensch ein freier Mensch ist.[34]

Allāh weiß alles, er kennt die Vergangenheit, die Zukunft, die Gegenwart und die Ewigkeit des Menschen. Das heißt, dass Allāh schon von Anfang an die Handlungen der Menschen bestimmt hat. Für Ash'arī und seine Anhänger ist Allāh Ewigkeit, absolut, der allwissender und der alles „programmierende". Alles geschieht mit dem Willen Allāhs. Das was Allāh nicht will, geschieht nicht. Das was Er nicht möchte, kann nicht verwirklicht werden. Denn, wenn etwas gegen seinen Willen passieren sollte, würde man Allāh die Unachtsamkeit und

---

[31] Vgl. İslam Ansiklopedisi, *„Ahlâk"*,S. 5.
[32] Vgl. Demir, Osman, *„Kelâm Ahlâk Düşüncesi: Tartışma Alanları ve Kavramlar"*, S.184- S. 188.
[33] Vgl. İbiş, Fatih, *„Mâtürîdî İman- Ahlak İlişkisi"* in: Kelâm Araştırmaları Dergisi, Band 13, 2015, S. 726.
[34] Vgl. Çağrıcı, Mustafa, *İslâm Düşüncesinde Ahlâk*, İstanbul [5]2013, S.103.

die schwäche zuschreiben. Sowas Allāh zuzuschreiben ist unmöglich. Es ist unmöglich, dass Allāh etwas verwirklicht was er nicht möchte. Deswegen ist es auch für jemand anderen unmöglich das unerwünschte von Allah umzusetzen. Da man bedenken muss, dass Allāh nichts gegen Seinen Willen umsetzt, kann man hieraus schließen, dass der Mensch ohne den Willen Allāhs nichts umsetzen kann. Ein Beispiel hierzu: *Ein Mensch beglaubigt den Islam mit dem Willen Allāhs und leugnet den Iman auch mit dem Willen Allāhs.* Ash'arī sagt, dass der schlechte Wille von Allāh, für ihn selber keinen negativen Einfluss hat. Handlungen wie das Stehlen, Lügen und Töten werden von dem Menschen schlecht beurteilt, weil der göttliche Wille diese Handlungen so beurteilt hat.[35]

Die Ash'arī Anhänger beharren im Thema der Kraft; قدرة Allāhs. Die Kraft von Allāh wird in den Vordergrund gestellt. Die Kraft, wird in zwei Teile aufgeteilt. Zum einen in die originale Kraft und in die Kraft, die man aus einer Quelle erlangt. Ash'arī bevorzugt die originale Kraft. Denn er ist der Meinung, dass eine Kraft die aus einer Quelle erlangt wird, nichts erschaffen kann. Diese Ansicht bestätigt die Meinung, dass die Handlungen der Menschen von Allāh erschaffen werden. Trotzdessen ist Ash'arī der Meinung das der Mensch eine gewisse Kraft hat bzw. braucht um eine Handlung umzusetzen. Die aber nicht immer vorhanden ist. So wie der Mensch manchmal wissen und unwissend sein kann, kann er auch manchmal kräftig und schwach sein. Ash'arī drückt die Kraft des Menschen anders aus. Er drückt die Krafft des Menschen mit dem Begriff „Istiaat" aus. Ash'arīs Ansicht nach ist der Begriff Kraft nur charakteristisch für Allāh. Allāh hat den Menschen diese gewisse Kraft aus Gabe und Ihsan; إحسان eingegeben. Die Mu'tazilah hingegen verwendet den Begriff Kraft; قدرة sowohl für Allāh, als auch für den Menschen. Hinsichtlich des menschlichen Willen spricht Ash'arī nicht. Denn er schreibt den absoluten Willen nur Allāh zu. Ash'arī und seine Anhänger sind der Meinung, dass der Mensch nicht mit seinem eigenen Willen eine Handlung umsetzt. Hierzu ein Beispiel: *Wenn der Mensch beim Bogen schießen, sein Ziel nicht erreicht. Oder ein Mensch seinen Finger auf einer geraden Linie hält und dabei in eine bestimmte Richtung zeigen möchte, dies aber nicht ausführen kann.* In diesen Fällen gibt es einen Eingriff außerhalb der menschlichen Fähigkeit. Dieser Eingriff geschieht aus der Sicht von Allāh. Um diesen Willen Allāh's zu schützen, ignoriert Ash'arī den menschlichen Willen. Der Mensch ist ein Lebewesen der eine Verantwortung und Verpflichtung hat. Doch indem Ash'arī und seine Anhänger den Willen des Menschen bestreiten, ziehen sie den Menschen aus dieser Verantwortung und der Verpflichtung. Sie schreiben Allāh somit die schlechten

---

[35] Vgl. Ay, Mahmut, „*Eş'arî Kelamında İnsan Sorumluluğu*" in: İslâmî Araştırmalar Dergisi, Band 17, S. 93- 95.

und bösen Handlungen zu. So stellen sie die Gerechtigkeit; عداله Allāhs in Frage und lehnen die Freiheit des Menschen ab. Laut Ash'arī ist Allāh nicht böse oder schlecht wenn er die Gläubigen und Kinder quält oder die Leugner mit dem Paradies belohnt. Denn was für die Menschen schlecht ist, ist in der Regel für die Menschen nur schlecht, weil diese Sachen, als Verbot in der Offenbarung stehen. Diese Verbote wurden von Allāh aufgestellt damit, die Menschen nicht über die Grenzen gehen und nicht das ausüben was ihnen nicht zusteht. Während Allāh zu keiner Bedingung und Grenze verpflichtet ist, gibt es niemanden der Ihm Gebote und Verbote aufstellen kann. Niemand darf seine Handlungen schlecht werten. Nach den Ansichten von Ash'arī und seinen Anhängern stellen sie Allāh als einen Ungerechten und einen unmoralischen Schöpfer dar. Und weisen ebenso das Verständnis auf, dass Allāh ein grausamer Herrscher sei. Laut Ash'arī kann Allāh in dieser wie auch im Jenseits Kindern unter Qualen, Leid und Strafe erleiden lassen. Für sie stellt diese Handlung keine Ungerechtigkeit und Unterdrückung dar. Denn Gerechtigkeit ist in dem Besitz von Allāh und nur Er kann die Gerechtigkeit selbst bestimmen.[36]

Ash'arī sagt, dass Allāh einen Menschen auch ohne Sünden bestrafen kann und einen Menschen mit Sünden belohnen kann.

3.2.1 Die Kasb Theorie von Ash'arī

Die Kasb Theorie wurde aufgrund der Verantwortung des Menschen untersucht und aufgestellt. Die sprachliche Bedeutung von Kasb ist; *etwas erlangen, verdienen, sammeln fordern oder gewinnen*. Die fachspezifische Bedeutung von Kasb ist; *die Beziehung zwischen der Kraft und dem Willen hinsichtlich der Handlung des Menschen.*

Kasb ist ein mit dem Menschen zusammenhängender Begriff. Laut Ash'arī ist Kasb eine mit einer erschaffenen Kraft auftretende Sache. Die Handlung braucht ein Kasib, einen Gewinner. Der Kasib ist in diesem Falle der Mensch. Allāh erschafft die Handlung des Menschen und der Mensch erlangt die Handlung. Denn das schöpfen schreibt Ash'arī nur Allāh zu und er erkennt niemand anderen, als Schöpfer an. Bei einer Ausführung einer menschlichen Handlung ist der Mensch von einer äußerlichen Kraft abhängig.[37] Viele Kalām- Gelehrten kritisieren die Kasb Theorie. Fachr ad-Dīn ar-Rāzī sagt, dass dieser Begriff ohne Bedeutung ist. Ibn Taimīya sagt, dass die Kasb Theorie von Ash'arī nicht verständlich ist und keine

---

[36] Vgl. Ay, Mahmut, „*Eş'arî Kelamında İnsan Sorumluluğu*" in: İslâmî Araştırmalar Dergisi, Band 17, S. 93-102.
[37] Hier wird von der Kraft Allāhs gesprochen.

Richtigkeit aufweist. Al-Juwaynī kritisiert die Kasb Theorie und sagt, dass es nicht möglich ist anhand dieser Theorie die Freiheit des Menschen zu erzielen. Ash'arī sagt, dass Allāh den Kasb des Menschen erschafft. Hierbei lässt er keinen frei Raum für die Freiheit des Menschen. Al-Juwaynī sagt, dass so sehr die Handlung Allāh zuzuschreiben ist, wird in Wahrheit die Handlung durch die Kraft des Menschen umgesetzt.[38]

Ash'arī ist der Meinung, dass an einem Werk keine zwei Kräfte zusammen kommen können. Das heißt, dass über die Handlungen des Menschen nur eine Kraft existiert. Diese Kraft ist die Kraft von Allāh. So hat der Mensch keine eigene Wirkung bei der Erschaffung seiner Kraft. Nur wenn Allāh den Willen und die Beharrlichkeit des Menschen erfasst, erschafft er was der Mensch will. Dank der Beharrlichkeit und dem Wille erlangt der Mensch zu einer Sache. Hier wird wieder erwähnt, dass der Mensch nicht der Schöpfer ist sondern der Kasib; *der Gewinner*. Folglich wird die Schöpfung Allāh zugeschrieben und der Gewinn; *Kasb* den Menschen. Ash'arī benennt den Begriff Kasb ebenso, als Handlung und Akt. Ash'arī sagt zudem: *„ Um eine Handlung zu erlangen braucht man einen Erlangenden, dies ist der mensch und für das erschaffen wird ein Schöpfer gebraucht, und das ist Allāh".*[39]

3.3 Maturidi

Die Maturidi Schule ist die zweite Ahlu Sunnāh Schule. Sie ist sich mit der Ash'arī Schule in der grundlegenden Ideologie einig. Obwohl die Maturidi sich in vielen Themen mit der Ash'arī einig ist, trennt sich die Maturidi in einigen Punkten von der Ash'arī. Zum Beispiel im Thema des islamischen Ahlāq Verständnis und im Thema der Handlungen der Menschen.[40]

Maturidi hat ein anderes Ahlāq Verständnis, als seine Mitstreiter. Er richtet sich nach dem Ahlāq Verständnis aus der Offenbarung. Dieses Ahlāq Verständnis bringt den Menschen zwei Verantwortungen mit; das Gute; *(ma'rūf, mehāsin, hasanāt)* und das Schlechte; *(münker, mesāwī, seyyiāt)*. Gute Taten sollen umgesetzt werden und schlechte Taten sollen unterlassen werden. Die guten Taten verleihen den Menschen einen tugendhaften Charakter. Das heißt, um ein tugendhafter Mensch werden zu können, muss der Mensch sich nach dem guten

---

[38] Vgl. Ay, Mahmut, *„Eş'arî Kelamında İnsan Sorumluluğu"* in: İslâmî Araştırmalar Dergisi, Band 17, S. 98-99.
[39] Vgl. Sönmez, Vecihi, *„Mu'tezile'nin Eş'arî'nin Kesb Nazariyesine Yönelttiği Eleştiriler "* in: Dicle İlahiyat Fakültesi Dergisi, Diyarbakır 2008, S.129-131
[40] Vgl. Çağrıcı, Mustafa, *İslâm Düşüncesinde Ahlâk*, İstanbul ⁵2013, S.106.

richten und vom schlechten abweichen. Der Mensch hat die Aufgabe herauszufinden, was gut und schlecht für ihn ist. Zudem muss er versuchen, nach dem Sinn des Lebens zu suchen. Auf der Welt hat jede Sache eine Bedeutung und alles wurde für den Menschen erschaffen. Der Mensch besitzt einen Verstand und Fähigkeiten, womit er den Sinn des Lebens wahrnehmen kann. Laut Maturidi kann der Mensch, durch seinen Verstand das Gute vom schlechten, das schmutzige vom sauberen und das schöne vom hässlichem unterscheiden. Bei Fällen wie, Kummer, Schmerz, Hoffnung, Begierde und Freude richtet sich der Mensch nach der Offenbarung und hat den Bedarf nach einem Propheten. Laut Maturidi ist der Verstand des Menschen, das Werkzeug bzw. das Hilfsmittel und der Baustein des Menschen. Der Mensch kann nur durch sein Ahlāq Bewusstsein, die Tugendhaftigkeit erreichen. Und nur so kann der Mensch nach den Geboten und Verboten handeln. Die tugendhaften Handlungen sorgen für das Glück des Menschen.[41]

Laut Maturidi gibt es zwei Arten von Menschen. Nach jeder ihrer Handlung ziehen sie eine Konsequenz daraus. Bei einer schlechten Handlung, erhält der Mensch Unglück, Stress und Schwierigkeiten. Bei einer guten Handlung gewinnt der Mensch an nützlichen. Laut Maturidi ist das Ziel vom Ahlāq Verständnis, dass ewige Glück im Jenseits. Maturidi sagt, dass der Mensch in der Beziehung zu Gott keine Angst pflegen, sondern auf seine Liebe beruhen sollte. Das heißt, die Handlung sollen nicht aus Angst zu Allāh umgesetzt werden. Die Handlunge sollen aus Liebe zu Allāh verwirklicht werden. *„ Die Beste Handlung ist die, die Allāh am liebsten hat, die schlimmste Handlung ist jedoch die, die Allāh am meisten verachtet."* Also, ist die Aufgabe jedes Menschen, sich den Geboten Allāhs zu nähern, und vom schlechten abzuweichen.[42]

Maturidi ist der Meinung, dass Allāh der Schöpfer der Handlungen des Menschen ist. Auch wenn die Handlungen der Menschen, mit dem Willen und der Kraft Allāhs geschieht, sind die Menschen dazu verpflichtet das Gute und Schlecht zu unterscheiden. Das heißt, die Menschen müssen ihre Handlung anhand ihres Ahlāq Verständnis umsetzen. Allāh hat den Menschen die menschliche Kraft; قدرة verliehen. Mit dieser Kraft, ist der Mensch in der Lage auch nicht der Moral entsprechende Handlungen durchzuführen. Deswegen ist der Glaube von Unfall; القضاء und Schicksal; القدر, für die schlechten Taten der Menschen keine Entschuldigung.[43]

---

[41] Vgl. Şekeroğlu, Sami, *„Mâturîdî Ahlak'ında Erdem' Fikri"* in: Milel ve Nihal- inanç kültür ve mitoloji araştırmaları dergisi", Band 2, 2010, S. 174-182.
[42] Vgl. Şekeroğlu, Sami, *„Mâturîdî Ahlak'ında Erdem' Fikri"* in: Milel ve Nihal- inanç kültür ve mitoloji araştırmaları dergisi", Band 2, 2010, S. 183.
[43] Vgl. Çağrıcı, Mustafa, *İslâm Düşüncesinde Ahlâk*, İstanbul [5]2013, S. 106.

Zwischen der Bedeutung die Ash'arī und Maturidi dem Wort „Kasb" verleihen sind auffallende unterschiede zu erkennen. Fachr ad-Dīn ar-Rāzī sagt: *„Der Mensch besitzt im ersten Blick eine Freiheit, doch in Wirklichkeit ist er ein Wesen ohne Freiheit".*[44] Laut Maturidi, sind die Handlungen durch die Erlaubnis und die Kraft Allāhs da. Doch das erlangen; *Kasb*, wird dem Menschen allein zugeschrieben. Allāh erschafft eine Sache und der Mensch gewinnt die Sache. Also wird in der Ansicht von Maturidi die Handlung dem Menschen und Allāh zugeschrieben. Die Handlung wird mit dem Willen Allāhs und mit dem Willen des Menschen ausgeführt. Allāh erschafft die Handlung mit den Willen des Menschen. Maturidi trennt sich von der Ash'arī, indem er dem Menschen den willen, die Freiheit und die individuelle Verantwortung zuschreibt

Maturidi ist sich mit der Mu'tazilah einig, dass es wichtig ist das Gute, Schlechte und die Mission zu kennen, damit die Verpflichtung an Legitimität gewinnt. Zudem muss der Mensch die Kraft besitzen um seine Aufgabe auf dieser Welt zu vollbringen. Maturidi hat offensichtlich dargestellt, dass der Mensch in der Lage ist die moralischen Werte zu begreifen und umzusetzen. Er ist, aber auch in der Meinung, dass es Irrsinn ist einen schwachen Menschen Verantwortlichkeit zuzuschreiben. Er ist der Ansicht das außer von Kufr; كفر und Shirk; شرك, die großen und kleinen Sünden keine andauernde Strafe haben. Allāh kann entscheiden, ob er diese Sünden verzeiht oder nicht. Der Maß der entsprechenden Strafe, muss mit der schlechten Handlung übereinstimmen. [45]

Maturidi steht im Thema der moralischen Verantwortung und Verpflichtung des Menschen näher zu Ash'arī als zu der Mu'tazilah. Im Thema der moralischen Werte hingegen, steht er der Mu'tazilah näher. Laut Maturidi spielt der verstand im Glauben und Denken eine wichtige Rolle. Die Angelegenheiten lösen die Menschen anhand ihres Verstandes. Auch spiegelt sich die Rolle des verstand im Ahlāq Verständnis von Maturidi wieder. Wenn der Verstand eine Sache schlecht ansieht, kann die Sache niemals gut angesehen werden. [46]

Es ist von bedarf das der Mensch sich und seinen Aufbau gut genug kennt um auch seinen Schöpfer kennen zu können. Maturidi ist der Meinung, dass bei den Geboten und Verboten die Weisheit; حكمة von Nöten ist. Für ihn ist die Unterdrückung; ظلم, und Irrsinn schlecht, die Gerechtigkeit; عدالة und Weisheit hingegen gut.[47]

---

[44] Vgl. Çağrıcı, Mustafa, *İslâm Düşüncesinde Ahlâk*, İstanbul [5]2013, S.108.
[45] Vgl. ebd, S. 108.
[46] Vgl. İbiş, Fatih, *„Mâtürîdî İman- Ahlak İlişkisi"* in: Kelâm Araştırmaları Dergisi, Band 13, 2015,S. 718.
[47] Vgl. Demir, Osman, *„Kelâm Ahlâk Düşüncesi: Tartışma Alanları ve Kavramlar"*, S.181 u. S.185.

Entsprechend der Weisheit; حكمة, zu leben gehört in die Ahlāq Philosophie von Maturidi. Laut Maturidi, kann der Verstand gewiss eine Sache beurteilen, den Menschen aber nicht zu einem guten Menschen machen. Maturidi hat die Ansicht, dass zu einem guten Ahlāq Verständnis, nur ein Prophet führen kann. Das heißt, dass der Mensch einen Vorbild nötig hat. Dieser muss ihn bei einer Sache leiten und unterstützen. Allāh hat die Menschen für ihre Vorteile erschaffen, hierfür erwartet er von den Menschen, dass sie für die göttliche Gabe ihren Dank gegenüber Allāh aussprechen. Allāh hat den Menschen die Fähigkeit verliehen, dass gute vom schlechten zu unterscheiden und ihnen die dazugehörigen Konsequenzen vermittelt. Deswegen ist jeder Verpflichtete; مكلّف, für seine Handlungen verantwortlich.[48]

Eine Sache kann für einen Menschen, aus einer Sicht nützlich sein, aus einer anderen Sicht aber schädlich. Daher kann man nicht zu allem einen Urteil fällen. Zum Beispiel kann eine für einen gesunden Menschen schädliche Medizin, für einen Betroffenen kranken zum Nutzen sein und ihm helfen. Maturidi ist der Meinung, dass man im Ahlāq Verständnis zwei Sachen unterscheiden muss. Man muss Begreifen können was schlecht und gut ist und muss anhand seines freien Willens das Gute umsetzen und sich vom schlechten fernhalten. Die Entscheidung für eine Handlung ist dem Menschen selbst überlassen. Maturidi ist der Ansicht, dass der Mensch bei seiner Glaubensbekennung sowie bei der Ablehnung des Glauben mit seinem eigenen Willen und seinem eigenen Wunsch entscheidet. Doch zudem sagt er, dass ein gläubiger Mensch keine Tat begehen würde die ihm aus seinem Glauben bringt. Der Mensch fällt vor seiner Handlung ein Urteil, über das was er umsetzen möchte. Hierbei richtet er sich nach seinem Ahlāq Verständnis. Maturidi sagt aber auch, dass wenn ein Mensch trotz seines wissen eine schlechte Handlung begeht, er ein Unwissender ist. Es gibt also, das gute/nützliche ; *al-ḥusn* und das schlechte; *al-qubḥ* einer Sache. Maturidi ist der Meinung ,dass das Ahlāq Verständnis nicht schon vorhanden ist, sonder sie eine Tatsache ist die erlangt und erzielt werden muss.[49]

Maturidi schließt sich beim Kasb Verständnis der Ash'arī Schule an. Die Ansicht der Maturidi ist, dass Allāh der Schöpfer der Handlungen ist und der Mensch der Erlangende; Kasib.[50]

---

[48] Vgl. Demir, Osman, „Hikmete Uygun Yaşamak; Varlık, Bilgi Ve Değer İlişkisi Bakımından İman Mâturîdî'de Ahlâk Düşüncesi",2014, S.4-11.

[49] Vgl. İbiş, Fatih, „Mâtürîdî İman- Ahlak İlişkisi" in: Kelâm Araştırmaları Dergisi, Band 13, 2015, S. 721-734.

[50] Vgl. Sönmez, Vecihi, „Mu'tezile'nin Eş'arî'nin Kesb Nazariyesine Yönelttiği Eleştiriler " in: Dicle İlahiyat Fakültesi Dergisi, Diyarbakır 2008,S. 141.

Im Thema der schönen und schlechten Handlungen richtet sich die Maturidi weder nach der Mu'tazilah; welche die Scharī'a in den Hintergrund wirft und den Verstand in den Vordergrund stellt, noch richtet sich Maturidi nach der Ash'arī welche die Scharī'a in den Vordergrund stellt und den Verstand nicht berücksichtigt.[51]

4. Fazit

Der Mensch ist ein von Allāh mit ehre geschschaffenes Individuum, trotz den einzigartigen Eigenschaften des Menschen, hat auch dieser seine Grenzen und seine Regel. Im Unterschied zu den Tieren hat der Mensch einen freien Willen, welches er entweder zu seinem Gunsten oder zu seinem Ungunsten einsetzen kann. Der Mensch hat verschiedene Verhaltensregeln, welche in jeder seiner Tätigkeit gezeigt wird. Im Islam wird der „Charakter" beziehungsweise das Verhalten eines Menschen mit dem Begriff Ahlāq übersetzt. Das gute und schlechte menschliche verhalten, sowie seine Angewohnheiten, Charakter und seine Entscheidungen spiegeln sich seinem Ahlāq Verständnis wieder. Allāh hat den Menschen die Fähigkeit gegeben das Gute und das Schlechte zu unterscheiden. Jedoch ist der Verstand nicht in der Lage, alles zu begreifen. Deswegen bildet der Qur'ān und die Sunnāh die Quelle für das Ahlāq Verständnis für jeden Muslim. Der Prophet wurde auf die Welt gebracht um den Menschen das Ahlāq Verständnis zu vermitteln. Die Sunnāh des Propheten ist ein Wegweiser, für die Lebensfreude und die Lebensphilosophie. Auch wenn der Verstand zwischen richtig und falsch unterscheiden kann, hat der Mensch einen Trieb und dies kann die Entscheidung des Menschen beeinflussen. Um eine Handlung bewusst umsetzen zu können, benötigt der Mensch einen Vorbild. Es ist wichtig zu erwähnen, dass „*die Taten sind entsprechend ihren Absichten sind*"[52] Es ist wichtig, vor der Umsetzung einer Handlung, die eigene Absicht zu werten. Eine Handlung musst erst mit der Vernunft beurteilt werden. Danach sollte der Mensch eine Entscheidung treffen und die gewünschte Handlung umsetzen.

Jede Religion hat sein eigenes Verständnis hinsichtlich der Moral. Die Moral des Islam, ist das Schamgefühl. Ein Mensch der das Schamgefühl besitzt, weiß was er tut. Er ist keineswegs Unachtsam in seinen Handlungen. Das Schamgefühl ist ein achtsame und lebendige Eigenschaft, welches die schlechten Handlunge abwehrt. Das Schamgefühl kann in der Natur des Menschen angeboren sein oder anhand des religiösen Wissens angeeignet werden.

---

[51] Vgl. Aktepe, Orhan, „*Mutezile Ve Ehl-i Sünnet'e Göre Va'd ve Va'îdilkesi*" in: Kelam Araştırmalar, 2011, S. 169.
[52] Vgl. An-Nawawi, *40 Hadithe*, Hadith 1, S.4.

Laut dem Islam kann ein Mensch ohne Verstand nicht verpflichtet und verantwortlich gemacht erden. Wenn der Mensch keinen Verstand und keine Kraft besitzt das Gute und Schlechte zu unterscheiden, gelten die Motive Strafe und Belohnung nicht. Das heißt der Islam wurde für den weisen und klugen Menschen geschickt. Es wird von dem Menschen verlangt seinen Verstand einzusetzen und die Gebote und Verbote der Offenbarung nachvollziehen zu können. Die erste Stufe der moralischen Verantwortung, ist die Verantwortung gegenüber dem Gewissen. Doch dies reicht nicht für die Bekräftigung der moralischen Verantwortung. Die zweite Stufe ist, die Verantwortung gegenüber den Menschen und der Gesellschaft. Hier bekräftigt das Gesetz die moralische Verantwortung. Das Recht und die Moral finden sich zusammen.

Zusammenfassend lässt sich sagen, dass in dem islamischen Denken und in der Herangehensweise des Ahlāq, die Offenbarung eine grundlegende Rolle besitzt. In der Ahlāq Theorie der Ash'arī sind es Allāhs Gebote und Verbote die die Prinzipien des Ahlāqs bestimmen. In der Theorie der Mu'tazilah und der Maturidi, werden die Ahlāq Prinzipien entweder anhand dem verstand bestimmt oder mit der Offenbarung.[53] Das gemeinsame Ziel der Kalām- Schulen, ist das Glück der Menschen.

Literaturverzeichnis

Abū-r-RiḍĀ' Muḥammad ibn Ahmad ibn Rassoul, *Auszüge aus dem Saḥīh Al-Buḫāryy.*

Abū-r-RiḍĀ' Muḥammad ibn Ahmad ibn Rassoul, *Tafsīr Al-Qur'ān Al Karīm*, [30]2008.

Akdoğan, Ali, *„Bireysel ve Toplumsal Hayatta Ahlaka olan İhtiyaç ve İslam"* in: EKEV Akademi Dergisi, *2004.*

Aktepe, Orhan, *„Mutezile Ve Ehl-i Sünnet'e Göre Va'd ve Va'îdilkesi"* in: Kelam Araştırmalar, 2011.

---

[53] Die Offenbarung wird in Themen bevorzugt, wo der Verstand des Menschen nicht mehr ausreicht.

21

An-Nawawi, *40 Hadithe*, Hadith 1.

Aydın, Ömer, *Kurânı Kerîm'd İman-Ahlak İlişkisi*, İstanbul 2007.

Ay, Mahmut, *„Eş'arî Kelamında İnsan Sorumluluğu"* in: İslâmî Araştırmalar Dergisi, Band 17, 2004.

Çağrıcı, Mustafa, *İslâm Düşüncesinde Ahlâk,* İstanbul ⁵2013.

Demir, Osman, *„Hikmete Uygun Yaşamak; Varlık, Bilgi Ve Değer İlişkisi Bakımından İman Mâturîdî'de Ahlâk Düşüncesi"*.

Demir, Osman, *„Kelâm Ahlâk Düşüncesi: Tartışma Alanları ve Kavramlar"*.

İbiş, Fatih, *„Mâtürîdî İman- Ahlak İlişkisi"* in: Kelâm Araştırmaları Dergisi, Band 13, 2015.

İman-ı Tirmizi, *Hadislerle Peygamberimizin Güzel Ahlakı- Şemâil-i Şerif,* İstanbul 1984.

İslam Ansiklopedisi, *„Ahlâk"*.

Özafşar,Mehmet Emin/ Doğan, Recai,*Temel İslâm Bilgileri- Ahlâkım*, Ankara 2007.

Wehr, Hans, *Arabisches Wörterbuch für die Schriftsprache der Gegenwart*, 210-2011.

Saruhan, Müfit Selim, *„İslam Düşüncesinde Ahlâk İlmi"*, 2014.

Sinanoğlu, Abdulhaamit, *„Mutezile Felsefesinde insan Ahlâk ve Sorumlulugu"* in: KSÜ İlahiyat Fakültesi Dergisi, 2003.

Sönmez, Vecihi, *„Mu'tezile'nin Eş'arî'nin Kesb Nazariyesine Yönelttiği Eleştiriler "* in: Dicle İlahiyat Fakültesi Dergisi, Diyarbakır 2008.

Şekeroğlu, Sami, *„Mâturîdî Ahlak'ında Erdem' Fikri"* in: Milel ve Nihal- inanç kültür ve mitoloji araştırmaları dergisi"*, Band 2, 2010.

Topaloğlu, Bekir, *Kelâm İlmine Giriş*, Ankara 2014.

Zaidan, Amir M.A, *Al-aqiidah- Einführung in die Iimaan-Inhalte*, Band 2, 2011.

BEI GRIN MACHT SICH IHR
WISSEN BEZAHLT

- Wir veröffentlichen Ihre Hausarbeit,
  Bachelor- und Masterarbeit

- Ihr eigenes eBook und Buch -
  weltweit in allen wichtigen Shops

- Verdienen Sie an jedem Verkauf

Jetzt bei www.GRIN.com hochladen
und kostenlos publizieren